Exposing the Accuser of the Brethren!
by Francis Frangipane

Copyright ⓒ 1991 by Francis Frangipane

Published by Arrow Publication, Inc
P.O. Box 10102 Cedar Rapids, IA 52410

Korean Translation Copyright ⓒ 2007 by Pure Nard
2f 16, Eonju-ro 69-gil Gangnam-gu, Seoul, Korea

The Korean edition is published by arrangement with Arrow Publication, Inc.
All rights reserved.

본 저작물의 한국어판 저작권은 Arrow Publication, Inc와의 독점 계약으로
'순전한나드'가 소유합니다. 저작권자의 허락 없이 이 책의 일부 또는 전체를 무단
복제, 전제, 발췌하면 저작권법에 의해 처벌을 받습니다.

지은이   프랜시스 프랜지팬
옮긴이   김유태

초판발행   2005년 7월 14일
10쇄발행   2019년 1월 14일

펴낸이   허 철
펴낸곳   도서출판 순전한나드
등록번호   제2010-000128
주   소   서울시 강남구 언주로69길 16, (역삼동) 2층
총   괄   허현숙
디자인   정혜인
인쇄소   예원프린팅
도서문의   02) 574-670?
홈페이지   www.purenard.co.kr

ISBN 978-89-91455-13-1 03230

교회를 어지럽히는
험담의 악령을 추방하라

프랜시스 프랜지팬

Chapter 1
험담하는 악령 폭로하기
10

Chapter 2
험담하는 악령 내쫓기
38

Chapter 3
험담하는 악령으로부터 보호받기
57

Chapter 4
하나님과 함께 보좌에서
73

서문

다른 성도들을 비방하는 말들이 교회 안에 떠도는 경우가 있다. 뿐만 아니라, 그것과 결합된 귀신의 영향력도 있다. 그런 악한 영들의 정체는 드러내야 한다. 하나님의 집은 기도하는 집이지, 남의 흠이나 들추어내는 집이 아니기 때문이다. 나는 이 책을 통해 주님의 집이 바로 세워지기를 갈망한다.

험담하는 악령 폭로하기

Chapter 1

　많은 교회들이 무너지고 있다. 부도덕한 행실이나 헌금의 오용이 주된 원인인 경우도 있다. 그러나 더 비일비재한 경우는 바로 험담 때문이다. 어떤 믿는 자들은 남의 흠을 들추어내는 일을 아예 '전문적'으로 행하고 있다. 그러나 주님은 비난을 기도로 바꾸라고 명령하신다. 남의 흠을 덮어 주는 사랑만이 교회를 교회 되게 하기 때문이다.

사탄은 교회의 성장을 방해한다

　이번 장에서는 특히 소위 '거듭난 그리스도인'이라

고 자부하는 자들이 자행하고 있는 교우를 참소하는 행위를 폭로하고자 한다. 교묘히 조종하고 속이는 이단에 빠진 사람들에 관한 이야기가 아니다. 일반적으로 교회에서 횡행하고 있는 남을 헐뜯는 행위를 근절시킴으로써 기도하는 교회가 되게 하는 것이 그 목표일 뿐이다.

사탄은 항상 교회에 다른 사람을 흠잡는 귀신들을 내려 보낸다. 그의 목적은 성령의 역사를 가로막는 것이다. 악한 자의 이런 공격은 예수님의 일을 방해하기 위한 것이다. 험담이 난무하면 교회는 완전하신 그리스도를 바라보지 못하고 불완전한 인간들만 바라보게 된다. 이것은 인간의 잘못과 실수에만 집중하게 함으로 하나님의 은혜를 깎아 내리려는 책동이다.

흠잡는 영의 임무는 인간관계를 파괴시키는 것이다. 이 사악한 영은 가족, 교회, 교회의 협력단체를 공략하면서 하나 됨을 파괴하고, 인간관계의 틈새를 벌려 놓는다. 악한 영은 선한 것을 분별하는 척 하지만, 결국 다른 교인을 판단하고 비판하게 만들어 버린다. 우리 모두는 다른 성도에 관한 태도를 분명히 할 필요가 있다. 교우에 대한 태도에 따라 '사랑을 실천하는 믿음'을 가진 자가 될 수도 있고 악한 영의 공격을 받고 있는 어리석은 자가 될 수도 있기 때문이다.

흠잡는 귀신이 하는 일은 다음과 같다. 며칠 또는 몇 주를 허비하면서 교회의 흠을 잡고 목사의 잘못을 캐내도록 책동한다.

그런 잘못들이 수년 전에 있었던 일이라도 상관없다. 이 속이는 영에 사로잡힌 자들은 자신을 마치 '정의의 십자군'처럼 여기면서 교회의 다른 식구들을 공격 대상 또는 적으로 간주한다. 물론 교회에도 부족하거나 잘못된 점들이 있다. 그러나 먼저 그것을 위해 성심성의껏 중보하는 것이 하나님의 뜻이다. 필요한 것이 있다면 필요를 채워 주면 된다. 그러면 부족한 것이 도리어 영적 성장의 기회가 될 것이다. 그러나 흠을 잡는 가십의 영이 작동하게 되면 모든 것이 망가진다. 험담의 영은 교회를 파괴하는 영 중에서도 가장 골칫거리이다. 실수나 잘못이 영적 도약의 발판이 되지 못하고, 걸림돌이 되거나 위축시키는 것을 보면 참으로 안타깝다. 비판하는 사람들은 보통 기도하지 않는 자들이다. 그래서 다른 사람을 기도로 섬기기 싫은 마음을 비판으로 돌라대며 연막을 치는 것이다.

어떤 사람이 교회나 목사가 완벽하지 못한 것을 발견하고 지적한다고 생각해 보자. 그렇게 정확하게 비판할 수 있는 능력이 그 사람이 영적으로 뛰어나다는 증거일까? 결코 그렇지 않다. 그럼에도 많은 사람들이 그렇다고 착각하고 있다.

그리스도인이 아닌 사람들도 교회의 잘못을 날카롭게 지적해 낼 수 있다. 그러나 사건에 대해 반응하는 모습을 보면, 그 사람이 성숙한 그리스도인인지 아닌지 분별할 수 있다.

예수님은 인간의 행동을 보시고 자신을 희생하셨다. "오히려 자기를 비워 종의 형체를 가지사 사람들과 같이 되셨고 사람의 모양으로 나타나사 자기를 낮추시고 죽기까지 복종하셨으니 곧 십자가에 죽으심이라"(빌립보서 2:7-8). 그러므로 예수님은 심판하시는 분일 뿐 아니라, 죄인들을 위해 죽으신 분이기도 하다.

예외는 없다

예수님의 행적을 살펴보면 우리에게 위로가 되는 것이 많다. 그중 하나가 예수님과 바리새인들의 관계이다. 예수님께서 무슨 일을 하시든지, 바리새인들은 꼬투리를 잡을 만한 일들을 찾아냈다. 예수님은 항상 바리새인들의 비판의 도마 위에 올랐던 분이다.

사실 남들이 비방하는 말만 듣고 덩달아 비방하는 것은 어리석은 짓이다. 비난받아 마땅하다고 생각한 장본인을 직접 만나서 이야기해 보면, 사정이 다른 경우가 비일비재하기 때문이다. 장본인의 이야기를 들어 보지도 않고 비방에 가담하는 자들은 모두 형제자매를 무고히 헐뜯는 것이다. 심지어 이 세상의 법도 범죄자로 고소당한 사람의 말을 직접 들어 보기 전에는 재판하지 않는다. "우리 율법은 사람의 말을 듣고 그 행한 것을 알기 전에 심판하느냐"(요한복음 7:51). 그런데 하나님의 집에서 어떻게 그처럼 함부로 다른 성도를 판단할 수 있다는 말인가?

그것은 악한 자의 영이 교회 가운데 강하게 역사하기 때문이다. 악한 자에게는 특정한 목적이 있다. 악한 영은 교인들이 목회자를 불신하고 설교 말씀을 의심하게 만드는 것을 주요 목적으로 삼는다. 나는 수많은 교단의 목회자들과 이 문제에 관해 나눈 적이 있다. 그들은 이구동성으로 교회에 영적 도약이 있기 전이나 후에 반드시 악한 자의 영이 날뛴다고 말했다. 교회가 항상 이러한 귀신의 공격으로 성장을 저지당해 왔다는 것이다.

악한 영이 마음을 어지럽히면, 성도들은 온갖 비방과 비난에 술 취한 듯 비틀거린다. 그리고 많은 교인들이 그 독기에 질려 겁을 먹는다. 결국 온 교회가 속임수로 인해 대혼란에 빠지게 된다. 그러면 거기에 관련된 모든 사람들이 예수님은 까마득히 잊어버리고, 오직 문제의 구덩이 속에서 허우적거리게 된다.

예수님께서는 지금도 교회가 하나 되기를 바라며 중보하고 계신다. 그러나 헐뜯는 자들이 판치는 곳에서는 소위 믿는다는 사람들이 예수님이나 신앙에는 관심조차 보이지 않는다. 그러면 결과적으로 하나님의 거룩한 교회가 귀신의 장난에 놀아나는 격이 되는 것이다. 귀신에 미혹된 자들은 서로를 비방하느라 정신이 없다. 한쪽이 비방하면 다른 쪽에서도 비방으로 맞선다. 그러면서 교회는 의심과 두려움 속에서 무너져 간다. 귀신의 표적이 된 교회는 황폐해진다. 그 와중에 교회의 목회자와 그 가족들 그리고 지도자들은 실망하고, 자칫 파멸에 이르는 경우도 있다.

교회를 담임해 본 목회자라면 누구나 헐뜯는 영의 공격을 받아 본 적이 있을 것이다. 누구나 근거 없는 가십이 교회 구석구석을 휩쓸 때, 그 근원지를 추적하여 막느라 이리 뛰고 저리 뛴 경험이 있을 것이다. 그러다 보면 마음까지 우울해진다. 그 소용돌이 속에서 믿었던 친구들과의 관계도 소원해진다. 굳건했던 인간관계조차 흔들린다. 결국 교회는 침체되고 교회의 비전은 깊은 수렁에 빠지고 만다.

이 악한 자의 공격은 비단 지역교회에만 한정된 것이 아니다. 악한 자는 도시와 국가도 공격한다. 떠도는 가십과 중상모략을 모아 출판하여 돈을 버는 잡지사들도 허다하다.

물론 심각한 죄를 범하는 목회자들도 있다. 그러나 파멸이 아닌 치유의 길이 있다. 그것은 성경적인 회개와 징계의 길이다. 교단마다 문제를 조용히 다루면서 해결

책을 모색하는 기관이 있다. 목회자로 구성된 위원회에서는 개인적인 상담도 해준다. 그러나 그러한 정식 통로를 사용하지 않고 비방을 남발하는 사례들이 허다하다. 원색적인 비난과 모욕, 비방으로 가득한 말과 글들이 예수님의 몸의 혈관을 타고 독처럼 퍼져 나간다. 그리고 하나님의 자녀라는 사람들은 그러한 독들을 게걸스럽게 받아 삼킨다. 구원의 방주라는 하나님의 교회는 그러한 악한 말들의 홍수에 침몰한다.

흠잡는 영은 자신의 더러운 본색을 숨기기 위해 종교적인 옷으로 치장하고 있다. 그러면서 '바늘 귀'만한 잘못을 고쳐 보겠다고 '낙타 크기'의 사랑 없는 징계를 가하기도 한다. 어떤 경우에는 성경에 위배된 것을 고치겠다고 성경에 위배된 방법을 사용한다. 이런 상황에서 사도 바울이 갈라디아서 6:1에서 말한 소위 '온유한 심령'은 찾아볼 수조차 없다. "너 자신을 살펴보아 너도 시험을 받을까 두려워하라"는 말씀은 발붙일 틈도 없다. "그

러한 자를 바로잡는(회복시키는)" 겸손은 어디 딴 세상에 있는 것처럼 느껴진다.

대부분의 경우, 잘못을 저질렀다는 그 사람의 이야기는 들어 보지도 않는다. 그러는 동안 교회는 악한 소문의 제조장이 된다. 그리하여 일단 악한 소문이 돌고 돌다가 거의 모든 사람이 알게 된 후에 본인의 귀에 들어가게 된다. 왜냐하면 '험담하는 악령'은 '쉬쉬하는 악령'을 동반하기 때문이다. 우리는 이렇게 송사하는 자의 배후에 있는 사악한 영을 반드시 분별해야 한다. 그 근본 동기가 교회를 치유하거나 회복시키는 것이 아니라 파괴시키는 것이기 때문이다.

순전한 본

교회도 잘못을 고쳐야 할 때가 있다. 그러나 권징의 사역은 예수님의 본을 따라야지 험담하는 자의 지시에 따라서는 안 된다. 예수님은 아시아의 일곱 교회들을 바

로잡아 주실 때, 칭찬과 약속의 말 중간중간에 꾸짖는 말을 끼워 넣으셨다(요한계시록 2-3장). 교회를 책망하는 주님의 입에서 교회를 칭찬하고 격려해 주는 말도 함께 나왔다는 것이다. 예수님은 항상 잘하라고 격려해 주시면서 교회를 고쳐 주신다.

소아시아의 일곱 교회 가운데 두 교회는 완전히 오류에 빠져 있었다. 그러나 무너져 내리기 직전의 이 교회들에 변화를 제안하실 정도로 예수님은 자비로우신 분이었다. 예수님은 얼마나 오래 참아 주시는 분인가! 그분은 심지어 이세벨에게도 '회개할 기회'를 허락하셨다. "그러나 네게 책망할 일이 있노라 자칭 선지자라 하는 여자 이세벨을 네가 용납함이니 그가 내 종들을 가르쳐 꾀어 행음하게 하고 우상의 제물을 먹게 하는도다 또 내가 그에게 회개할 기회를 주었으되 자기의 음행을 회개하고자 하지 아니하는도다"(요한계시록 2:20-21). 꾸짖고 훈계하신 후, 예수님은 항상 미래에 대한 희망의 약속으로 말씀을 맺으셨다.

주님의 양으로서 우리도 그분의 본을 따라야 하지 않겠는가? 가장 엄격한 훈계에도 주님의 '은혜와 진리'는 작동한다. 주님은 "자기 양을 다 내놓은 후에 앞서 가면 양들이 그의 음성을 아는 고로 따라오되 타인의 음성은 알지 못하는 고로 타인을 따르지 아니하고 도리어 도망하느니라(요한복음 10:4-5)"고 말씀하셨다. 반드시 기억하라.

꾸짖거나 징계하는 말에 회복을 위한 은혜가 수반되어 있지 않다면, 그것은 우리 목자장의 음성이 아니다. 그렇다면 그것은 누구의 음성인가? ("삯꾼은 목자가 아니요 양도 제 양이 아니라 이리가 오는 것을 보면 양을 버리고 달아나나니 이리가 양을 물어 가고 또 헤치느니라." 요한복음 10:12) 진짜 양들은 가짜 목자의 음성을 들으면 달아나 버린다. 그러나 가짜 양들은 가짜 목자 주위로 몰려든다.

악한 자의 무기들

교회를 정죄하기 위해서는 보통의 힘으로는 안 된다. 사악한 귀신들은 그 무기를 지옥에서 가져온다. 일단 우리가 회개하면, 천국에는 우리의 죄에 대한 기록이 조금도 남아 있지 않다. 성경에는 "누가 능히 하나님께서 택하신 자들을 고발하리요 의롭다 하신 이는 하나님이시니"라고 기록되어 있다(로마서 8:33). 그러므로 회개한 성도를 비방하는 모든 죄목들은 지옥에서 퍼 올린 것들이다. 예수님도 우리를 정죄하지 않으신다. 그분은 하나님 우편에 앉으셔서 지금도 우리를 위해 중보하고 계신다.

이제부터 남의 흠을 잡는 악한 영의 무기를 살펴보자. 첫째는 실제로 저지른 죄가 있는 경우이다. 성령께서 죄를 깨닫게 하셨는데도 회개하지 않으면, 악한 자가 틈타게 되어 있다. 사악한 귀신들은 절대로 회개할 기회를 주지 않는다. 그리고 미래에 대한 희망도 제시하지 않는다. 악한 자들은 오직 우리를 정죄할 따름이다. 그리고 '용서받을 수 없는 죄'를 저지른 것같이 꼼짝도 못하게 죄의식을 불어넣는다. 이 시점에 악한 자의 손아귀에서 빠져나올 수 있는 길은 회개뿐이다. 죄를 회개하고 우리 죄를 대속하신 예수님의 보혈을 믿고 의지하면, 악한 자를 무장해제시킬 수 있다.

사탄은 개인에게 죄책감을 일으키는 것 이상의 일을 한다. 바로 우리의 마음을 꼬이게 만들어서 다른 사람에게 비난과 욕설을 퍼붓게 하는 것이다. 남의 흠을 잡는 영은 그리스도의 영이 아니다. 그래서 사탄이 역사하면 모든 일이 꼬인다. 작은 실수나 잘못도 용납하지 못하게 만든다. 나에게 피해를 준 사람을 위해 기도하는 것은 아예 불가능한 일이 된다. 그러면 우리는 흠잡는 악한 영에게 완전히 조종당하게 된다.

그러므로 서로를 먹이(prey)로 삼을 것이 아니라, 서로를 위해 기도(pray)해야 한다. 그러면 교우를 헐뜯는 영이 사라질 것이다. 그리스도께서 우리를 용서하신 것처럼 우리도 서로 용서하는 법을 배운다면, 모든 험담의 악령은 굴복하게 된다. '신적인 기억 상실'이라는 말이 있다. 즉 우리가 죄를 회개하면, 하나님께서 우리가 고백한 죄들을 까마득히 잊어버리신다는 것이다! 믿는 자가 예수님을 닮아 가면, 흠잡는 영을 물리칠 수 있다. 어린 양처럼 그리스도는 죄인들을 위해 죽으셨고, 제사장으로서 지금도 우리를 위해 중보하고 계신다.

귀신들이 사용하는 두 번째 무기는 과거의 실수와 잘못된 결정들을 들추어내는 것이다. 우리 각자에게는 타고난 모자람이 있다. 믿음의 선배들의 과거사를 읽어 보면, 그들도 태어날 때부터 뛰어났던 것은 아님을 알 수 있다. 사실 사람은 누구나 실수한다. 실수를 통해 뭔가 배우고 더 겸손해지기를 간절히 바랄 뿐이다. 그러나 흠잡는 영은 우리가 과거에 실수한 것을 그대로 두지 않는다. 그것을 자신의 무기로 사용한다. 그래서 성도가 하나님의 뜻대로 살아보려고 결심하면, 과거의 잘못을 눈앞에 보란 듯이 전시해 놓는다. 그리고는 우리를 비난하면서 억누르려 한다. 거기에 말려드는 사람은 과거에 얽매이게 된다.

악한 자가 역사하는 방법이 있다. 사악한 영은 인간의 질투심과 두려움을 이용한다. 다른 사람의 성공에 마음이 불편해지게 조장한다. 사촌이 땅을 사면 배가 아프게 만드는 것이다. 아니면 자신의 실패나 흠을 정당화하려고, 다른 사람의 작은 실수도 크게 과장한다. 귀신의 역사가 강해질수록 마음은 지속적으로 조종당한다. 그러다 보면 교회에 자기 외에는 올바른 사람이나 올바른 일이 하나도 없는 것처럼 느껴지는 지경까지 이르게 된다.

마지막 단계에 이르면 실질적인 비방 공세에 들어간다. 이 시점에 이르면, 공격당하는 사람의 정당한 방어는 조금도 통하지 않는다. 험담하는 사람은 교회에서 문제의 죄인을 제거해야 한다는 생각에 빠져 있기 때문에, 물불을 가리지 않고 덤벼든다. 그러나 진짜 문제의 인물은 흠잡는 악한 영에게 조종당하고 있는 바로 그 사람이다. 험담하는 사람은 교인들 사이에 철의 장벽을 치고 하나님의 자녀들을 비판함으로 교회가 당하는 피해는 회개하지도 않은 채, 자신의 고집만 부리는 문제의 인물이다.

슬프게도, 영적 지도자들 중에는 자기보다 더 뜨거운 열정으로 일하는 사람들을 핍박하는 이들도 있다. 그런 지도자들은 주로 예수님에 대한 첫사랑의 강렬함이 식어버린 자들이다. 예수님의 제자들은 핍박을 받는다. 그러나 그리스도인이 다른 사람을 핍박할 권한을 주님으로부터 받았다는 성경구절은 없다. 박해는 육의 일이다. "그러나 그때에 육체를 따라 난 자가 성령을 따라 난 자를 박해한 것같이 이제도 그러하도다"

(갈라디아서 4:29). 놀랍게도 다른 사람을 핍박하면서 자신은 '하나님을 섬기는 일'을 하고 있다고 착각하는 경우가 많다.

악한 자를 대적하기 위해서는 개인적으로나 교회적으로 은혜의 분위기를 만들어야 한다. 가장 참혹한 십자가를 가장 은혜로운 상징으로 만드신 하나님 아버지를 본받아 모든 것이 합력하여 선을 이루게 해야 한다. 한 사람이 넘어지면 우리는 재빨리 그를 일으켜 세워 주어야 한다. 그래야 서로에게 지체됨의 의식이 고양된다. "그런즉 거짓을 버리고 각각 그 이웃과 더불어 참된 것을 말하라 이는 우리가 서로 지체가 됨이라"(에베소서 4:25). 믿는 자들은 모두 한 아버지에게서 난 자녀들이다. 구약에서도 다른 사람의 잘못을 공공연히 밝히는 것을 금지했다. 사랑은 많은 죄를 덮으며 구원의 길을 찾게 해 준다.

독수리들이 모이는 곳

비난의 영이 사용하는 또 다른 무기가 있다. 이것은 악한 자가 특별히 교묘하고도 교활하게 사용하는 무기이다. 하나님은 우리가 주님과 동행하면서 더 많은 열매를 맺기를 기대하시기에 우리의 가지를 치시는 경우가 있다. 이는 준비의 시기로, 종들을 더 큰 사역에 사용하시려고 잠재력을 키우시는 기간이다.

이 시기에 주님은 더 높은 단계의 순종을 요구하신다. 육을 십자가에 못박는 연습을 시키시는 것이다. 이는 낮아지고 시험받는 기간이다. 이 기간이 너무 길어지면, 때로는 공허함과 비효율성을 느끼기도 한다. 우리의 부족함이 선명하게 드러나기에 사실은 두려운 기간이기도 하다.

이런 연약함이나 부족함이 종종 사람들의 눈앞에 드러나는 경우도 있다. 그런데 사람뿐만 아니라, 정사와 권세라는 악한 자의 영에게도 드러난다. 그래서 흠잡는 영이 이 기회를 놓칠세라, 상처받기 쉬운 성도를 공략하며 짓밟을 기회를 엿보는 것이다.

그렇게 되면 생명의 보육기가 될 수 있는 시간들이 죽음의 관으로 변하는 경우가 생긴다. 비록 현재는 연약함 가운데 있지만, 신앙으로 잘 양육받으면 풍성한 생명으로 다시 태어났을 믿는 자들을 짓밟는 것이다. 이렇게 연약해진 자들이 험담의 영의 공격을 받으면, 같은 교회의 성도들에게 매를 맞고, 버림당하고, 심지어는 인간관계가 완전히 단절되어 버린다. 흠잡는 영은 치명적이다. 왜냐하면 영적 전쟁에 적합한 사람들을 훈련받는 중간에 끊어버리기 때문이다.

흠잡는 자들과 험담하는 자들의 씨앗은 이미 교회 안에 뿌려져 있다. 어쩌면 당신도 이미 그 일에 가담한 적이 있을지도 모른다. 예를 들어 목회자가 곤경에 처해 있을 때, 하나님께서는 그것을 통해 그를 하나님의 사람으로 빚어 가신다. 그렇지만 외적으로 나타나는 목회자의 연약함을 보고 성도들이 비방하는 경우가 있다. 교인들은 하나님의 깊은 뜻을 헤아릴 수 없는 것이다. 목회자는 어려울수록 더욱 주님을 의지하면서, 하나님의 목적에 합당한 사람으로 변해 간다. 그러나 그런 속사정을 모르는 교인들은 "목회자가 신령하지 않다. 성령 충만하지 않다"고 비난한다. 물론 예외는 있지만 일반적으로 목회자는 어려움에 처한 성도를 버리지 않지만, 성도는 목회자가 약해지면 내쳐 버린다. 그러나 십자가에 온전히 순종하려면, 목회자에게도 교인들의 격려와 사랑이 필요하다.

마태복음 24:28은 참으로 공감이 가는 말씀이다. "주검이 있는 곳에는 독수리들이 모일 것이니라." 야비한 성품을 가진 자가 악한 소문을 퍼트리면, 그것을 먹겠다고 독수리들이 모여든다. 교회라고 항상 생동하는 것만 있는 것이 아니다. 교회에도 죽은 찌꺼기 같은 것이 있기 마련이다. 악한 소문의 냄새가 일단 퍼지면, 죽은 짐

승의 등을 파먹는 독수리 같은 자들이 금새 모여들어 교인들에 대한 뒷소문을 마구 뜯어먹는다. 생명보다 죽음을 더 좋아하는 자들(긍정적인 것보다 부정적인 것을 선호하는 자들)은 그리로 끌려들어 갈 것이다. 험담을 일삼는 자들은 결국 교회를 떠나게 되어 있다. 다른 교회에 가서 또 다른 흠을 잡아야 하기 때문이다.

"이 사람들은 원망하는 자며 불만을 토하는 자며 그 정욕대로 행하는 자라 그 입으로 자랑하는 말을 하며 이익을 위하여 아첨하느니라 사랑하는 자들아 너희는 우리 주 예수 그리스도의 사도들이 미리 한 말을 기억하라 그들이 너희에게 말하기를 마지막 때에 자기의 경건하지 않은 정욕대로 행하며 조롱하는 자들이 있으리라 하였나니 이 사람들은 분열을 일으키는 자며 육에 속한 자며 성령이 없는 자니라"(유다서 16-19절). 그들이 떠난 자리에는 깊은 상처와 갈등만 남는다. 목회자는 탈진하고 지극히 낙심하게 된다. 다른 교회로 떠난 흠잡는 영은 그곳에서 기회를 엿보며 진을 친다. 그러다가 기회를 포착하면, 그 교회를 무너뜨리기 위해 맹공을 퍼붓기 시작한다.

오늘날 하나님은 큰 능력과 권세를 지닌 주님의 종들을 일으키고 싶어 하신다. 그렇다면 목회자가 메마른 광야를 지날 때, 교인들이 물을 공급함으로 촉촉이 적셔 주어야 하겠는가 아니면 죽어 가는 육에 독수리같이 달려들어 뜯어먹어야 하겠는가?

잘못을 바로잡는 법

험담을 일삼는 자들은 거짓 정보와 비뚤어진 견해를 들고 온다. 거기에 비난과 정죄가 동반된다. 그러한 악령에 사로잡힌 사람들은 개인이나 교회의 좋은 점들은 절대로 논하지 않는다. 남의 흠을 잡아내는 자들의 열성은 대단하다. 그러한 열정을 신앙생활에 쏟는다면, 하나님의 뜻을 이루는 데 조금도 어려움이 없을 것이다. 그렇게만 열심히 신앙생활하면, 하나님의 마음과 부르심에 도달할 수 있을 것이다. 그러나 험담하는 자들은 사실 헛된 열심을 부리는 자들이다.

잘못을 바로잡는 지름길은 보복(revenge)이 아니라 존중(reverence)이다. 우리가 바로잡고자 하는 사람들은 그리스도의 종들이 아닌가? 그리스도의 종들은 하나님의 소유가 아닌가? 우리가 비난하는 그 사건을 통해 하나님께서는 뭔가 더 큰 일을 은밀히 이루시려는 게 아닐까? 하나님께서 과연 주의 종을 꾸짖는 일에 나를 부르셨다고 확신하는가? 그렇다면 교회를 책망하실 때 예수님이 사용하신 방법대로 하고 있는가?(요한계시록 2-3장)

이것은 매우 중요한 질문이다. 교회나 교인의 잘못을 지적하고 책망하는 일은 아무나 할 수 있는 일이 아니다. 성령의 기름부음 없이 함부로 할 수 있는 일이 아니다. 그리스도는 교회를 책망할 권리를 받으신 분이다.

왜냐하면 그분이 죄인들을 위해 죽으셨기 때문이다. 그 정도로 성도를 사랑하는 사람이라면 다른 교인들을 나무랄 자격이 있다. 그러나 분노, 냉소, 불평에 사로잡힌 사람은 잘못을 저지른 사람을 바로잡아 주기는커녕 그를 위한 기도도 제대로 하지 못할 것이다. 유다의 큰 사자인 예수님은 심판자가 되기에 합당하신 분이다. 또한 그분은 죄인을 위해 죽임당하신 어린 양이다. 이처럼 다른 사람을 위해 죽을 각오가 되어 있지 않다면, 다른 사람을 판단할 자격이 없다.

교회를 떠나고 싶은 사람은 그냥 떠나면 된다. 꼭 온 교회를 헤집고 다니며 파란을 일으킬 필요가 없다. 그러나 많은 경우에 교회의 잘못을 들추어내면서 자신을 정당화하려고 한다. 그것은 잘못된 길이다. 가장 효과적인 방법은 교회의 몇몇 지도자들과 터놓고 대화하는 것이다. 그렇게 함으로 떠나는 성도는 그동안 교회를 통해 받은 은혜에 감사하고, 교회는 떠나는 자를 축복해 주면서 서로 기도로 헤어지면 된다. 그리고 교회에 정말로 심각한 죄악이 있다면, 상부 기관에 보고하여 그들로 하여금 적절하게 처리하도록 맡기면 되는 것이다.

또한 한 지역의 목회자들 사이에도 긴밀한 대화와 협조체제가 구축되어야 한다. 교회를 떠난 사람의 비방에 근거해 다른 교회를 판단해서는 안 될 것이다. 다른 교회를 어지럽히고 또 다른 교회로 들어간 사람은 새로운 교회도 더럽힐 가능성이 높다. 쓴 뿌리는 교회에 내재해 있는 것이 아니라 사람들이 그것을 몰고 다니는 경우가 많다. 그러다가 어느 교회에 정착하면 쓴 뿌리에서 악취를 풍기는 꽃이 피어난다. 그러므로 아무리 새신자가 필요하더라도, 다른 교회에서 성도들과 화목하게 지내지 못한 사람과 협력하여 교회를 잘 세워 가리라는 기대 같은 것은 아예 하지 않는 것이 좋다.

그렇다. 하나님의 집에서는 비난 대신 기도하고, 흠을 잡는 대신 사랑으로 덮어 주는 것이 하나님의 뜻이다. 잘못이 있는 곳마다 회복시키고자 하는 의도를 가지고 대처해야 한다. 잘못된 견해가 만연할 때마다 '온유한 마음'으로 바로잡아 주어야 한다.

사랑의 주님, 기도하지 않음과 사랑의 부족함을
용서해 주소서. 주님, 주님을 닮기 원합니다.
부족한 것을 볼 때마다, 비판하는 대신
자신의 목숨을 내놓는 희생의 사랑을 하게 하소서.
주여, 교회에서 험담하는 악령을
추방해 주소서!
예수님의 이름으로 기도드립니다.
아멘.

험담하는 악령 내쫓기

Chapter 2

 누군가 "하나님의 나라가 어떻게 임하며 어떤 사람이 하나님의 나라에 들어가는가?" 하고 질문을 제기할지도 모른다. 하나님의 나라는 기도의 능력을 체험하는 사랑의 사람들이 보게 될 것이다. 그들은 남을 판단하는 사람들이 아니라, 머리 되신 주님의 모습이 드러날 때까지 중보로 집을 지어 가는 자들이다.

나라가 임하시오며

 "내가 또 들으니 하늘에 큰 음성이 있어 이르되 이제 우리 하나님의 구원과 능력과 나라와 또 그의 그리스도의 권세가 나타났으니 우리 형제들을 참소하던 자 곧 우리 하나님 앞에서 밤낮 참소하던 자가 쫓겨났고"(요한계시록 12:10).

구원, 능력, 하나님의 나라가 그리스도의 권세와 함께 이 땅에 충만하게 드러나는 시점이 올 것이다. 하나님의 나라는 그 영광스러운 날이 도래하기 전에 이 땅에서 미리 경험할 수 있다. 다만 한 가지 조건이 있는데, 비판하거나 흠을 잡지 않고 오직 기도하며 사랑의 순수한 마음을 유지하는 것이다.

교회에도 문제는 있다. 그러나 하나님이 정하신 절차대로 해야 문제를 제대로 해결할 수 있다. 잘못을 바로잡는 사람, 즉 징계를 가하는 사람은 다음과 같은 심령을 가진 사람이어야 한다. "형제들아 사람이 만일 무슨 범죄한 일이 드러나거든 신령한 너희는 온유한 심령으로 그러한 자를 바로잡고 너 자신을 살펴보아 너도 시험을 받을까 두려워하라"(갈라디아서 6:1). 장로에 대한 비난은 적어도 두세 증인이 없으면 받아들이지 말아야 한다(디모데전서 5:19). 여기서 말하는 증인이란 **직접 현장을 목격한** 증인이지, 여러 가지 정황상 **강한 심증이 간다는 것**에 동의하는 사람이 아니다. 심증만 가지고 몰아붙이는 자들은 지옥에서 보낸 자들인 경우가 많다. 그들은 악한 소문과 수군거리는 영들을 대동하면서 교회의 화합을 깨는 역할을 한다.

교회에도 잘못된 일이 발생한다. 그러나 성경적인 방법으로 잘못된 상황을 바로잡지 않으면, 악한 영이 틈타게 되어 있다. 그러면 흠잡기, 비판, 판단의 문이 활짝 열리고, 교회는 소위 '참소하는 영'의 공격을 받게 된다. 이와 같이 죄악이 만연한 상황에서는 성령님의 활동이 제약을 받는다. 구원받는 자가 적어지고, 성령의 능력은 최소화되며, 영적 권위는 뿌리째 흔들린다. 그러면 교회는 심각한 위기에 처하게 된다.

교회의 잘못을 바로잡기 위해서는, 먼저 그리스도의 영으로 기름부음을 받아야 한다. 성경말씀은 분명하다. "누가 정죄하리요 죽으실 뿐 아니라 다시 살아나신 이는 그리스도 예수시니 그는 하나님 우편에 계신 자요 우리를 위하여 간구하시는 자시니라"(로마서 8:34). "그러므로 자기를 힘입어 하나님께 나아가는 자들을 온전히 구원하실 수 있으니 이는 그가 항상 살아 계셔서 그들을 위하여 간구하심이라"(히브리서 7:25). 하나님이 성도를 부르신 것은 서로 판단하게 하려는 것이 아니라, 서로를 위해 기도하게 하려는 것이다. 교회에 부족한 점이 보이면, 그것을 위해 기도해야지 그저 비판만 해서는 안 된다. 우리가 따라야 할 본은 세우고 회복시키시는 그리스도이지, 흠을 잡아 참소하며 교회를 허무는 악령이 아니다.

몇 해 전에 하나님으로부터 참된 비전을 받았으나 심각한 문제를 안고 있는 전국 기독교 조직에 소속된

적이 있었다. 그 당시 어느 작은 교회의 담임목사였던 나는 그 조직의 잘못을 알고 탈퇴하기로 마음먹었다. 그래서 성도들과 함께 40일간 금식기도를 하며 하나님의 뜻을 구했다. 그리고 40일 금식기도를 마치는 날, 나는 '불평 목록'을 적어 들고 하나님 앞에 나아가 (어느 정도는 자기 의를 과시하며) 이렇게 기도했다. "주님, 이 사람들이 저지른 잘못들을 한번 읽어 보십시오. 주님, 우리의 갈 길을 인도해 주십시오. 어떻게 해야 할까요?"

주님은 즉시 응답하셨다. "네가 직접 목격했느냐?"

나는 "그럼요, 주님. 저는 그들의 죄악상을 낱낱이 보았습니다."라고 대답했다.

"그래, 나도 보았다. 그러나 나는 그들을 위해 죽었다. 그러므로 너도 가서 그와 같이 하여라." 그날 이후 나는 어디서 하나님을 섬기든지, 생명의 근원이 되기 위해 하나님의 은혜를 간절히 구하고 있다.

당신이 어느 교회를 가든지, 거기에는 잘못된 부분과 부족한 점이 있다. 그러나 보는 것에 어떻게 반응하느냐에 따라, 우리가 얼마나 그리스도를 닮은 사람들인지 드러난다. 진정 그리스도를 닮은 사람이라면, 교회 안에서 부족한 점을 볼 때, 힘을 공급해 주고 싶은 마음이 생길 것이다. 죄를 범하는 것을 보면, 덕을 끼치려고 노력할 것이다. 두려워하는 것을 보면 용기를 주려 할 것이고, 자기 유익만 추구하는 것을 보면 거룩함을 드러내려 할 것이다. 그리스도를 닮은 중보 기도자들은 교회가 온전히 세워질 때까지, 기도의 자리를 떠나지 않고 그대로 지키고 있는 사람들이다.

마귀가 하나님의 보좌 앞에 있을 수 있을까?

에베소서 2:6은 "또 함께 일으키사 그리스도 예수 안에서 함께 하늘에 앉히시니"라고 말씀하신다. 믿는 자의 육과 혼은 이 땅에 있지만, 그의 영은 성령을 통해 하늘에 계신 그리스도와 직접적인 교제로 들어간다. 우리는 이 자리에서 하나님의 은혜의 보좌로 담대히 나아갈 수 있고, 하나님의 참된 성소로 들어갈 수 있다(마태복음 5:8, 골로새서 3:1-5, 히브리서 4:16, 10:19-20).

성경은 그리스도와 함께 하늘에 앉은 성도의 위치에 대해 수없이 언급하고 있다. 그러나 사탄-마귀도 하나님의 보좌 앞에 있을까? 이것은 우리에게 적지 않은 혼란을 주지만, 그럼에도 대단히 중요한 교리이다.

요한계시록에 하나님의 보좌가 묘사된 대목을 살펴보면, 사탄-마귀의 존재를 찾아볼 수 없다(요한계시록 4장). 히브리서 12장을 보아도, 하늘의 예루살렘에 관한 강론에 사탄-마귀가 등장하지 않는다.

내게 있었던 한 사건을 예로 들어 보겠다. 우리가 깊은 예배로 들어갔을 때, 하나님은 우리의 영안을 여셔서 환상 중에 하늘의 예루살렘을 보여 주셨다. 우리가 본

세계는 어둠이나 사망이 없는 곳이었다. 모든 것이 생동하고 있었고, 그 모든 것 위에 하나님의 영광이 드리워 있었다. 해나 다른 빛이 필요 없고, 어둠이나 그림자도 없었다. 내가 말하려는 요점은 하늘나라에는 사탄-마귀가 없다는 것이다.

그렇다면 사탄-마귀는 어디에 있다는 말인가? 유다서에 의하면, 마귀와 그의 졸개인 귀신들은 영원한 결박의 사슬에 매여 심판 때까지 흑암에 갇혀 있다고 한다(유다서 6절). 하늘에 계신 아버지께는 어둠이 조금도 없으시다(요한일서 1:5). 그러므로 어둠의 우두머리인 사탄-마귀가 하나님과 얼굴을 마주 대하고 있는 것은 불가능한 일이다. 사탄-마귀가 천국의 예배에 뛰어들어 교회의 성도를 참소한다는 것은 상상조차 할 수 없는 일이다. 예수님은 교회의 성도를 위해 죽으셨다. "누가 능히 하나님께서 택하신 자들을 고발하리요 의롭다 하신 이는 하나님이시니"(로마서 8:33).

그렇다면 송사하는 사탄-마귀가 하늘에 있다는 말을 어떻게 설명할 수 있을까? 첫째, 성경에는 '하늘'로 알려진 세계가 세 개나 있다. 영적으로 말하는 하늘은 구속함을 입은 자들, 하나님과 천사들이 거하는 곳이다. 두 번째 하늘은 그냥 자연계의 하늘을 지칭한다. "하늘이 하나님의 영광을 선포하고 궁창이 그의 손으로 하신 일을 나타내는도다"(시편 19:1). 그러나 성경은 사탄-마귀가 '하늘' 내지는 '하늘의 처소'에 있다고 말씀한다(누가복음 10:18, 에베소서 6:12, 요한계시록 12:11). 그곳은 보통 사람들에게는 잘 알려지지 않은 영역으로, 소위 '영계'를 가리킨다.

인간의 의식을 둘러싸고 있는 영계인 '하늘'은 사탄-마귀가 자리 잡고 있는 곳이다. 그곳에서 사탄은 세상을 지배하려고 한다. 바로 그 '영적인 영역'에 관하여 인간이 뭘 좀 안다고 생각한다면, 그것은 주제넘는 상상일 것이다. 그러나 우리가 정확히 아는 것이 한 가지 있는데, 바로 이 영적인 차원에서 영적 전쟁이 발발한다는 것이다.

사탄이 하나님의 높은 보좌에 가까이 있지 않다면, 그가 어떻게 '하나님의 보좌 앞에서' 성도들을 참소할 수 있을까?(요한계시록 12:11) 2장 앞부분에서 우리는 믿는 자들의 영이 하나님의 보좌에 자리 잡고 있다고 배웠다. 우리의 몸과 혼은 지상에 묶여 있지만, 영은 하나님께 연결되어 있다. 비록 마귀는 하나님께 직접 나아갈 수 없지만, 믿는 자의 생각과 말을 통해 하나님 앞으로 접근한다. 교회에 떠도는 험담에 믿는 자가 동조할 때, 수군거리는 뒷공론과 부정적인 비판을 받아들일 때, 믿는 자는 사탄으로 하여금 자기들의 입을 사용하도록 내어주는 것이다. 즉, 사탄은 험담하는 자들의 입을 통해 하나님의 보좌로 접근하여 성도를 송사한다.

어두운 데서 속삭인 말은 아무도 모를 것이라고 생각

하는 사람이 있는데, 사탄-마귀가 모든 뒷소문이나 수군거림을 듣고 있다. 물론 모든 사실은 하나님 앞에서 백일하에 드러나게 될 것이다. "이러므로 너희가 어두운 데서 말한 모든 것이 광명한 데서 들리고 너희가 골방에서 귀에 대고 말한 것이 지붕 위에서 전파되리라"(누가복음 12:3). "지으신 것이 하나도 그 앞에 나타나지 않음이 없고 우리의 결산을 받으실 이의 눈앞에 만물이 벌거벗은 것같이 드러나느니라"(히브리서 4:13). 물론 빛이신 하나님은 모든 것을 보시고 또한 알고 계신다. 심지어 부부가 침실에서 은밀하게 귓속말로 속삭인 것까지도 말이다.

혀를 조심하라!

성도가 입술로 고백하면 하나님이 들으신다. 여기에는 단지 기도드릴 때 취하는 믿음의 생각뿐만 아니라, 우리의 입에서 나오는 모든 말이 포함된다. 주님은 "내가 너희에게 이르노니 사람이 무슨 무익한 말을 하든지 심판 날에 이에 대하여 심문을 받으리니"(마태복음 12:36)라고 말씀하지 않으셨는가?

인간은 그 마음에 흘러넘치는 것을 말한다. 믿음의 말이건 불신앙의 말이건, 우리는 우리의 말에 따라 영원한 보응을 받게 될 것이다. 야고보 사도의 주장대로, 혀에 재갈을 물리지 않으면, 타오르는 지옥 불에 인생이 몽땅 불살라 없어질 수도 있다(야고보서 3:6). 우리가 사랑과 보호로 서로를 지지해 주면, 더 큰 영적 성장이 있을 것이다. 그러나 흠잡고, 비판하며, 나쁜 소문이나 퍼트린다면, 악한 영이 틈을 타서 참소자의 소리는 더 높아지고 하나님의 심판이 뒤따르게 된다.

따라서 우리의 생각은 물론 사람들과 나누는 은밀한 대화조차도 사실은 은밀한 가운데 모든 것을 보시는 하나님 앞에 드려진 기도라고 볼 수 있다. 이처럼 받는 이 없이 띄운 편지 같은 기도라도 "정식으로 드리는 기도"

만큼이나 우리의 신앙고백이며, 큰 영향력을 미치는 기도임을 깨달아야 한다. 그러므로 다른 사람에 관한 말은 물론 혼잣말까지도, 기도드릴 때 하는 말과 거의 비슷하게 취급해야 한다. 즉 하나님을 경외하는 자세로 해야 한다. 왜냐하면 하나님이 그 모든 것을 다 듣고 계시기 때문이다.

방언인가 불의 혀인가?

이사야가 거룩하신 하나님을 대면하여 뵈었을 때, 하나님의 보좌 곁에 사탄-마귀가 없었다는 것도 중요하지만, 이사야 자신이 과거에 내뱉은 말들 때문에 죄책감을 느꼈다는 것 역시 주목할 만한 사실이다. "그때에 내가 말하되 화로다 나여 망하게 되었도다 나는 입술이 부정한 사람이요 나는 입술이 부정한 백성 중에 거주하면서 만군의 여호와이신 왕을 뵈었음이로다 하였더라"(이사야 6:5). 사실 믿는 자들의 비판하는 말은 하나님 앞에서 성도를 참소하는 마귀의 음성으로 변한다.

이사야의 입은 하나님의 제단에서 취한 핀 숯에 닿았을 때 깨끗해졌다. 하나님 앞으로 더 가까이 나아갈수록, 믿는 자들은 더러운 말에 더 많은 죄의식을 느끼게 되어 있다. 예수님이 세례 받으실 때, 성령님은 비둘기의 형체로 나타나셨다. 그러나 오순절에 성령이 임하실 때는 타오르는 불의 혀 형상으로 임하셨다. 기독교 일각에서는 혀가 방언을 뜻한다고 해석한다. 그러나 나는 타오르는 혀의 형상은 정결하게 된 언어를 상징한다고 생각한다. 그러므로 성령세례를 받은 사람들은 남을 판단하고, 흠잡으며, 비판하는 혀가 불로 깨끗해진 사람들을 말한다.

참소자를 쫓아냄

"내가 또 들으니 하늘에 큰 음성이 있어 이르되 이제

우리 하나님의 구원과 능력과 나라와 또 그의 그리스도의 권세가 나타났으니 우리 형제들을 참소하던 자 곧 우리 하나님 앞에서 밤낮 참소하던 자가 쫓겨났고"(요한계시록 12:10).

믿는 자는 다른 사람들의 죄와 허물을 말하는 대신, 하나님의 은혜로 모든 부족함이 채워지기를 간구해야 한다. 예수님은 우리를 위해 죽으셨다. 그러므로 우리도 예수님이 대신 죽으신 자들을 위해 중보해야 한다. 예수님은 지금도 중보하고 계신다. 요한계시록 12장은 참소하는 악령을 추방하는 방법에 대해 자세히 이야기한다. 승리로 나아가는 길을 각각 살펴보자.

1. **어린 양의 피** : 영적으로 볼 때, 한 종류의 피(예수님의 피)가 성도들 모두에게 흐르고 있다. 그리고 우리 모두는 바로 그 피로 하나가 되었다. 그 피는 모든 생명과 죄씻음의 근원이다. 하나님은 그 피로 우리 모

두를 사시고 하나가 되게 하셨다. 이 보혈 안에서 모든 믿는 자들은 한가족이다. 그 피가 우리를 속량하기 위한 값을 치렀고, 참소자의 공격도 무력화시킨다. 그 피는 믿는 자들을 자기 의가 아닌 겸손함으로 이끈다. 왜냐하면 주님의 피 흘리심은 우리 모두가 부족한 죄인이며, 예수님을 간절히 필요로 하는 존재임을 드러내기 때문이다.

2. **간증하는 말** : 간증은 하나님께서 우리의 인생에 행하신 일들을 다른 사람에게 말하는 것이다. 그러나 간증은 그 이상의 것이기도 하다. "내가 그 발 앞에 엎드려 경배하려 하니 그가 나에게 말하기를 나는 너와 및 예수의 증언을 받은 네 형제들과 같이 된 종이니 삼가 그리하지 말고 오직 하나님께 경배하라 예수의 증언은 예언의 영이라 하더라"(요한계시록 19:10). 참소하는 악령을 이기려

면, 믿는 자는 예언적으로 살아야 한다. 하나님께서 우리를 보듯이 그렇게 다른 사람을 보아야 한다. 뿐만 아니라, '처음부터 마지막을 보는' 비전의 사람이 되어야 한다. 비전은 영원이라는 미래의 눈으로 현재를 바라보는 영적 통찰력을 말한다. 그리고 서로 믿음을 고백하는 행위도 중요하다. 사탄의 전략으로부터 오는 망상을 이길 수 있는 힘은 하나님의 말씀을 읽고 선포하는 것이다(디모데전서 1:18).

3. 자신만 아끼는 마음에서 벗어나기 : 우리 안에 있는 것 가운데 십자가에 못박아야 할 것은 못박아야 한다. 그렇지 않으면 사탄을 이길 수 없다. 사탄의 먹을거리가 우리 마음속에 남아 있으면 안 된다. 그러므로 죽어야 하는 것에 대한 아쉬움이나 연민은 가지면 안 된다(십자가에 못박아야

할 정욕과 탐심은 갈라디아서 5:19-21에 잘 정리되어 있다, 옮긴이). 진리에 대한 확신을 저버리기보다는 차라리 죽기를 선택하는 단호함이 요구된다. 바울은 "내가 달려갈 길과 주 예수께 받은 사명 곧 하나님의 은혜의 복음을 증언하는 일을 마치려 함에는 나의 생명조차 조금도 귀한 것으로 여기지 아니하노라"고 했다(사도행전 20:24). 하나님의 나라를 세우는 자들은 자신이 받는 '상처'에도 불구하고, 절대로 불의와 타협하지 않는다. 상처가 아플지라도 물러서지 않는다. 왜냐하면 오직 믿음으로만 살기 때문이다.

먼저 우리의 마음에서 참소자를 쫓아내야 한다. 흠잡기와 비난의 소리들을 용납해서는 안 된다. 형제자매들을 오직 하나님의 마음으로 대해야 한다. 하나님의 나라와 그리스도의 권세는 오직 충만한 사랑으로 중보하는 자들에게서 발견된다. 왜냐하면 중보자들은 교회의 부족함을 볼 때, 비판적이 되는 대신, 중보기도로 험담의 악령을 추방하는 자들이기 때문이다.

험담하는 악령으로부터 보호받기

Chapter 3

 당신은 비난받을 때 어떻게 반응하는가? 우리는 '혀의 채찍'(욥 5:21)으로부터 자신을 어떻게 보호할 수 있을까? 비난으로부터 안전하게 보호받을 수 있는 요새 같은 곳은 없을까? 하나님의 일을 성공적으로 감당하려면, 사탄의 무기인 '비난하는 혀'를 피할 수 있는 피난처가 필요하다. 이 악한 자의 무기는 참으로 인간에게 고통을 주는 무기이기 때문이다.

 좋은 일이든 나쁜 일이든, 교회에는 수군거림이 있기 마련이다. 하나님의 일을 제대로 하려면 변화가 필요하다. 변화를 일으키려는 곳에는 항상 저항이 따른다. 저항하는 자들은 불평-불만의 말들을 만들어 낸다. 예수님은 모든 사람이 우리를 칭찬하면, 그것도 뭔가 잘못된 것이라고 경고해 주셨다. 그분은 우리가 두 주인을 섬길 수 없다고 말씀하셨다. 주님을 기쁘게 해 드리면, 사람들의 기분이 상하는 경우도 발생한다. 그러므로 모든 사람을 즐겁게 하려고 노력하면서 시간을 낭비할 필요는 없다. 모든 사람에게 만족을 주는 일이나 모든 사람에게 인정을 받는 일은 그 자체로 불가능하기 때문이다.

하나님의 말씀을 전하거나 목양을 하는 사람을 사탄-마귀가 가만둘 리가 없다. 사탄의 작전은 목자를 멸망시키고 양들을 흩어버리는 것이다. 사탄의 공격이 성공을 거두면, 사랑은 식어지고 교인들의 마음은 굳어진다.

나는 똑같은 설교에 개개인의 반응이 어떻게 그렇게 다를 수 있는지 놀랐다. 어떤 사람들은 은혜 받고 삶이

풍성해진다. 그런데 다른 사람들은 똑같은 설교를 듣고도, 기분이 매우 나빠져서 시험에 들게 된다. 그것도 설교 전체의 내용이 아니라 어떤 특정한 언급에 상처를 받는다고 한다.

어떤 사람들은 설교자를 너무 사랑한 나머지, 그의 동상을 제작하고 설교자를 우상화한다. 그러나 또 다른 사람들은 설교자를 너무 싫어한 나머지, 그를 십자가에 못박는다. 주님이 붙들어 주시지 않으면, 설교자는 반대자들의 압력에 짓눌려 무너질지도 모른다.

대부분의 사람들은 목회자도 한 인간에 불과하다는 사실을 인지하지 못하는 것 같다. 목회자는 사람이지 슈퍼맨이 아니다. 총알(악한 말)이 목회자를 향해 발사되면, 그의 가슴에 맞고 튀어나올 것이라고 생각하는가? 아니다. 잔인하고 악독한 말에 목회자도 상처 입고 비틀거리게 되어 있다. 목회자도 불완전한 인간이지만, 하나님으로부터 부르심을 받았기에, 주의 몸된 교회를 섬긴다. 목회자는 하나님이 아니다. 그도 인간일 뿐이다.

교회는 대부분의 사람들에게 예배, 친교, 교육의 장소이다. 하지만 하나님의 참된 남녀 종들에게는 하나님의 정원이다. 목양을 하는 목회자는 대부분의 일을 강대상에서 하지 않는다. 목양은 주로 개인적인 관계 가운데 사랑과 신뢰를 가꾸는 일 속에서 이루어진다. 그리고 사실 그러한 일들은 겉으로 크게 드러나지 않는다.

하나님은 교회를 서로 아는 사람들이 모이거나 교리적으로 일치하는 사람들이 모이는 장소 이상으로 보신다. 하나님의 눈에 보이는 교회는, 그분의 아들의 영이 거하는 집이다. 믿는 자들이 각자 지역교회에 다니는 것을 보시는 하나님의 마음은 참으로 기쁘시다(고린도전서 12:8). 목회자는 장로들과 연합하여 모든 성도들이 하나님과의 올바른 관계 가운데 참사랑을 체험하게 하고, 그 사랑을 지역사회에 널리 전하는 일에 헌신하고 있다.

한 교회를 섬기다가 다른 교회로 갈 때, 영예롭게 이동하는 방법이 있다. 개척교회를 설립하고 싶다면, 안수받고 파송받으면 된다(사도행전 13:1-3). 그러므로 교회를 떠나기 위해 교회의 흠을 잡고 물의를 일으키면서 갈라지게 할 필요는 없다. 사실 교회를 떠나는 것도 질서대로 할 수 있다. 그러면 모든 사람이 교회의 덕을 칭찬하게 될 것이다.

하지만 악독한 가십에 인간관계가 단절되거나 파괴될 때, 또는 험담이나 비난으로 신뢰가 불신으로 바뀔 때, 하나님이 분노하신다(잠 6:16-19). 심지어 하나님도 마음이 상하신다면, 주의 종들의 마음은 오죽하겠는가!

정답

그렇다면, 교회도 살아남고 하나님도 기쁘게 해 드리려면 어떻게 해야 할까? 정답은 그리스도의 사랑으로 옷 입는 것이다.

수년 전 한 무리의 사람들이 나를 비난의 표적으로 삼은 적이 있다. 참으로 견디기 힘든 시간이었다. 물론 건설적인 비판들도 있다. 즉, 더 잘되라고 사랑하는 마음으로 가르쳐 주고 도와주는 말들도 있다. 그러나 파멸시키려는 의도와 원한에 사로잡힌 영이 퍼붓는 비난들도 있다. 그런 영에게는 상대방이 개선되기를 바라는 의도가 없다. 나를 비방하던 사람들은 나에게 원한을 품은 사람들이었다.

솔직히 말하자면, 나의 삶 가운데 균형이 무너진 영역이 있었다. 그러므로 그들의 불평 중 일부는 합당한 것이었다. 그러나 그들은 나에게 직접 말하지 않고, 뒤에서 많은 사람들에게 수군거렸다. 우리 교회의 성도들은 그들 때문에 동요했다. 나는 변명이든 회개든 할 수 있었으나, 그 어느 것으로도 교회는 잠잠해지지 않았다.

나는 3년 동안 하나님 앞에서 울부짖었다. 그러나 하나님은 나의 결백을 입증해 주지 않으셨다. 대신 나를 변화시키기 시작하셨다. 하나님은 내 영혼의 깊숙한 곳까지 침투해 들어오셨다. 그리고 나의 삶에 숨겨진 부분들을 만지기 시작하셨다.

주님은, 문제의 핵심이 죄가 아니라 나의 '자존심'이라고 말씀해 주셨다. 성경은 우리의 죄악이 항상 우리 앞에 있다고 말씀한다(시편 51:3). 나는 내 죄를 똑똑히 보고 있었다. 그러나 내 영혼에 관한 시각은 발달되어 있지 않았다. 즉, 내 영혼의 상태를 잘 파악하지 못하고 있었다. 그러나 주님은 사람들의 비난을 통해 나 자신을 자세히 들여다볼 수 있게 해 주셨다. 결국 나는 내 자신이 어떤 사람인지 이해하게 되었다.

성령님은 내가 비난의 말들에 얼마나 쉽게 흔들리는지 보여 주셨다. 또한 내 마음의 평안이 다른 사람들의 '인정과 거부'에 얼마나 많이 흔들리는지도 드러내셨다.

내가 아무리 기도를 많이 해도, 사탄의 공격은 멈추지 않았다. 도리어 하나님은 나를 변화시켜 주셨다. 귀신들의 놀음에 민감하게 반응하던 내 자아를 만져 주신 것이다. 하나님은 마귀에게 쉽사리 조종당하는 바로 그 부분을 죽이심으로 나를 구해주셨다.

나는 더 이상 사람들의 평판에 조종당하지 않는 사람이 되었다. 하나님은 나에 대한 무고한 비난까지도 긍정적으로 사용하신 것이다.

나는 마귀뿐만 아니라 하나님도 내가 죽기를 바라신다는 것을 깨닫게 된 그날을 잊지 못할 것이다. 물론 마귀와 하나님은 서로 목적이 다르다. 사탄-마귀는 중상모략을 통하여 나를 파멸시켜 죽이려 했다. 나는 '내 입장'을 내세우며 하염없이 변명하다가 지쳐 쓰러져 죽기 직전이었다. 동시에 하나님은 사탄-마귀에게 쉽사리 조종당하는 '나의 자아'를 죽이려 하셨다.

그러나 감사하게도 나에게 깨달음이 임했다. 그날은 결정적인 날이었고 축복의 날이었다. 결국 내가 깨달은 것은 내가 죽어야 그 전투가 끝난다는 것이었다. 나는 무고한 비난에도 불구하고, 오직 하나님만 의지하면서 내 자존심을 죽였다. 하나님께 모든 것을 다 내어 맡긴 바로 그날이 내가 진정한 주의 종으로 다시 태어난 날이다.

오늘날, 나는 끔찍하지만 좋았던 그 시간을 경외심을 가지고 회고한다. 하나님은 나의 글이 수많은 사람들을 감동시킬 것이라는 사실을 미리 알고 계셨다. 그래서 사람들의 칭찬에 대한 예방접종으로, 교인들의 비난세례를 받게 하신 것이다. 그 결정적인 날에 나는 인간의 말에 조종당하는 것에 대해 죽었다.

오해하지 말기 바란다. 내가 다른 사람들의 말을 전혀 귀담아듣지 않는다는 말이 아니다. 나는 항상 다른 사람들이 제기한 문제에 대해 기도하고 있으며, 다른 모든 지도자들에게 진실하려 애쓰고 있다.

나의 삶과 사역을 비판하고 분석해 주는 일을 전문으로 하는 사람까지 곁에 두고 있다. 그러나 나는 더 이상 사람들에게 휘둘림을 당하지 않는다. 오직 하나님의 기쁨을 위해 일할 뿐이다. 내 영혼의 눈은 오직 하나님께 집중되어 있다. 어쩌다 사람을 기쁘게 하려고 한다면, 그것은 하나님께서 그렇게 하라고 하실 때만 그러는 것이지, 의도적으로 그렇게 하는 것은 아니다.

십자가라는 피난처

하나님의 구속의 능력은 놀랍다. 어떤 역경, 마귀의 계획, 또는 비난도 하나님의 사랑을 막을 수 없다. 그 모든 부정적인 것들은 하나님의 은혜만 있으면, 우리를 온

전케 하는데 사용될 수 있다. 믿음으로 하나님을 신실하게 구하기만 하면, 역경은 하나님을 향한 심정에 불을 붙이는 기름이 된다. 하나님의 임재의 불길 속으로 더 깊이 들어갈수록 그리스도인들은 살아남는다.

사람들이 나를 중상모략할수록, 나는 나 자신을 하나님께 더 가까이 밀착시킨다. 나는 말씀과 기도 가운데 하나님께 더욱 가까이 다가가게 되었다. 그러나 인생의 역경, 특히 무고히 비난받는 가운데 진실로 십자가로 더 가까이 다가가게 되었다. 역경은 나의 못난 자아를 죽였고, 하나님을 진심으로 사랑하게 만들었다. 나를 비난하던 사람들이 없었다면, 내가 어떻게 이 축복의 장소에 도달할 수 있었을까!

나는 이제야 "의를 위하여 박해를 받은 자는 복이 있나니 천국이 그들의 것임이라"(마태복음 5:10)는 말씀을 이해할 수 있다. 물론 우리가 정신적으로 또한 육체적으로 학대를 당하다가, 어느 순간 세상이 천국같이 변한다

는 말이 아니다. 하나님은 우리의 속사람을 다루신다. 그분은 내적으로 우리의 영혼을 강하게 하시며, 사람들에게 인정받음이라는 중독에서 빼내어 오직 예수님을 위해 살도록 우리를 해방시키신다.

지혜로우신 하나님은 우리에게 두 가지 선물을 허락하신다. 그중 하나는 우리의 옛 자아를 죽일 수 있는 십자가이고, 다른 하나는 새로워진 성품이다. 이 선물들을 취하면 안전한 보호가 보장된다.

하나님은 죽어야 할 것을 고치라고 하시지는 않는다. 죽어야 할 것은 고칠 필요도 없다. 죽어야 할 것은 죽으면 된다. 마귀가 우리를 공격할 때, 아무리 자신을 옹호하려 해도 되지 않는 때가 있다. 왜냐하면 우리의 자아 자체가 썩었기 때문이다. 그래서 적들이 꼬투리를 잡고 더 맹렬하게 공격을 퍼부을 수 있는 것이다.

그러나 '새로운 성품'은 그리스도의 성품이다. 내 안에 살아 계신 그리스도께서 변함없이 나를 사랑하시는

데, 어찌 이웃을 비난할 수 있겠는가! 내가 불평-불만을 토로한다면, 이미 죽은 옛 성품의 송장을 다시 건드리는 것이나 다름없는 것이다. 험담하는 자의 음성을 들으려고 예수님께 잠잠하시라고 할 수는 없는 노릇이다. 그러므로 그리스도인들은 상처받을 때, 예수님이 하신 그 기도를 그대로 반복할 수밖에 없다. "아버지 저들을 사하여 주옵소서 자기들이 하는 것을 알지 못함이니이다"(누가복음 23:34). (「지구상에서 가장 강력한 기도」, 피터 호로빈 지음/김유태 옮김-순전한나드 역간- 참조).

그러므로 다른 사람의 평가에 관계없이 높임을 받건 깎아 내려지건, 모든 갈등의 상황에서 그리스도의 십자가를 지기로 결심하자. 일시적인 고난을 참으면, 천국에서 그 어느 것과도 비교할 수 없는 영원한 영광을 보장받게 된다.

나의 개인적인 믿음은 이러하다. 우리 하나님께서는 교회들을 크게 부흥시켜 주고 싶어 하신다. 그러나 험담하는 자로 인해 부흥이 저지당하는 경우도 있다. 또 그 여파로 옴짝달싹 못하게 되는 경우도 있다. 그렇다면, 그 어려운 상황 가운데 예수님처럼 하나님께 온전히 순종하는 성숙한 신앙인 한 명이라도 탄생된다면 얼마나 좋을까! 민감하게 반응하기를 거부하고, 상처받고 부들부들 떨지 않으며, 용서하지 않음이 오래 지속되는 것을 거부하고, 예수님과 함께 십자가를 지는 사람 말이다. 나는 바로 그 한 사람이 되고 싶다. 왜냐하면 하나님의 최대 목표는 교회의 부흥이 아니라, 그리스도를 닮은 사람의 탄생이라고 믿기 때문이다. 극심한 역경 속에서 그리스도와 같이 하나님을 기쁘게 해 드리는 단 한 사람만 생겨도, 그 목회는 성공한 목회라고 생각한다.

하나님께서는 지속적으로 사랑 가운데 굳건히 서서 그리스도의 몸 된 교회의 하나 됨, 거룩함, 그리고 회복을 위해 일하는 사람을 찾고 계신다. 나는 바로 그런 하나님의 사람이 되고 싶다.

    물론 완벽함에 도달한 사람은 없다. 그러나 적어도 우리의 기본 태도가 신앙적으로 바르다면, 비판과 험담에 그렇게까지 민감하게 반응하지는 않을 것이다. 여전히 흔들리는 신앙을 가진 자라도, 십자가를 지는 길은 단순히 자존심을 죽이는 것 이상이라는 것을 배울 수 있다. 그것은 그리스도의 사랑으로 당신을 십자가에 못박는 자들을 용서하고 안아 주는 것이다.

주님,

나를 비난하며 헐뜯는 무리들의 비판을
겸손한 마음으로 들을 수 있게 도와주소서.
나에 대해 흠을 잡는 자들의 소리가 높아질 때에도,
영적인 형통을 간구합니다.
그러나 무엇보다도 나의 옛 성질은 죽고,
오직 하나님을 향한 새 성품이 살아나게 하소서.
예수님의 성품을 본받기 원합니다.
주님의 형상을 따라 온전히 변화되게 하옵소서.
아멘.

하나님과
함께
보좌에서

Chapter 4

하나님의 약속 성취하기

하나님의 역사하심으로 우리 안에 그리스도의 형상이 드러나는 때가 있다. 그때 우리들의 꿈과 상상력은 하나님에 대한 소망으로 가득 채워진다. 그 경험은 마치 임신하는 것과 흡사하다. 하나님에 의해 착상된 것이 믿음으로 양육되고, 기도로 보호받는다. 그러면 그리스도의 형상이 우리 안에서 이루어진다(갈라디아서 4:19). 그때부터 하나님과의 동행은 단순히 종교가 아니라 우리의 운명적 부르심이 된다.

하지만 이런 발달 과정에도 반드시 영적 성숙이 필요

하다. 하나님의 약속이 우리 안에서 소화되는 데는 시간이 걸린다. 오래 끌수록, 우리는 조바심과 불안으로 몸부림치게 될 것이다. 그러다가 잠시 하나님이 약속하신 것을 자기 힘으로 획득해 보겠다고 시도하기도 한다. 그래도 지연되면, 죄책감에 사로잡힌다.

하나님께서 약속하신 것은 오직 하나님만 이루실 수 있다는 것을 깨닫는 데는 오랜 시간이 걸린다. 그 기간에 우리는 하나님과 함께 마음을 가꾸는 시간을 갖는다. 그러므로 주님과 동행하는 첫 걸음은 성취가 아니라 성장이다.

하지만 우리의 신앙이 성장하는 것을 주의 깊게 관찰하는 또 다른 초자연적 존재들이 있다. 바로 사탄-마귀이다. 사탄은 그리스도인 안에서 자라나는 생명의 거룩함을 감시한다. 그러다가 이제 무르익어 성숙한 경지에 다다르려 하는 순간, 방해공작을 편다. 그리스도의 일이 헛수고가 되게 하려고 책동하는 것이다. 이때 새생명을 유산시키려는 전투가 벌어지는데, 안팎으로 영적 전쟁이 벌어지게 되어 있다. 우리는 이 어둠의 시간에 아직 준비되어 있지 않음을 통감하고, 예수님을 믿는 근본 동기를 의심하기도 한다.

외부적으로는, 사탄-마귀에게 이용당하는 사람들의 비난과 험담에 직면할 뿐만 아니라, 사탄이 조종하는 자들에게 잘못 대처하는 경우도 생긴다. 즉, 그들 앞에서 우리의 정당성을 놓고 논쟁을 벌이는 실수를 범하는 것이다. "나도 알고 보면 좋은 사람이다. 나는 진짜로 나쁜 사람이 아니다. 그러니 제발 날 비난하지 마라. 날 좀 도와주라!" 하며 절규하는 태도를 보이는 것이다.

그러나 남의 승인을 받으려는 노력으로 진정한 위안을 얻는 경우는 거의 없다. 인간적인 위안은 그저 찰나적인 것일 뿐이다. 그러나 인간적으로 위로해 주지 않는다고 똑같이 헐뜯고 비방해야 하겠는가? 아니다! 문제가 발생했을 때, 우리에게 필요한 위로는 사람에게서 오지 않는다. 중보자들의 기도가 우리에게 엄청난 힘이 되는 것은 사실이지만, 그들도 우리가 갈망하는 위로를 주지는 못한다. 결국 최종적인 위로는 오직 그리스도로부터 받아야 한다.

솔로몬은 성전을 지을 때, 두 기둥에 야긴과 보아스라고 새겼다(열왕기상 7:21). 야긴은 '하나님이 세우시리라'는 뜻이고, 보아스는 '하나님 안에 능력이 있다'는 뜻이다. 진정으로 하나님을 섬기는 삶으로 들어가려면, 하나님의 힘 외에 다른 어떤 것도 의지해서는 안 된다. 하나님께서 세우시는 성공 외에 다른 어떤 성공도 의지해서는 안 된다.

기도가 돌파구다

교회는 단순히 사람들이 모인 단체가 아니다. 교회는 그리스도께서 자라나시는 온상이다. 요한계시록 12

장은 그리스도께서 우리 안에서 자라나시는 단계를 잘 설명해 준다. 즉, 참된 영적 성장의 패턴을 제시한다. 요한계시록 12장에는 어떻게 그리스도를 통해 거듭남이 시작되고, 임신 기간을 지나 준비되며, 마침내 다 자라서 분만되려는 순간에 사탄이 유산시키려 공작을 하는지 잘 묘사되어 있다. 그리스도는 마지막에 그의 종들인 인간들을 통해 충만하게 계시되고 완성되실 것이다.

요한은 큰 표적을 보았다. "하늘에 큰 이적이 보이니 해를 옷 입은 한 여자가 있는데 그 발아래에는 달이 있고 그 머리에는 열두 별의 관을 썼더라 이 여자가 아이를 배어 해산하게 되매 아파서 애를 쓰며 부르짖더라 하늘에 또 다른 이적이 보이니 보라 한 큰 붉은 용이 있어 머리가 일곱이요 뿔이 열이라 그 여러 머리에 일곱 왕관이 있는데 그 꼬리가 하늘의 별 삼분의 일을 끌어다가 땅에 던지더라 용이 해산하려는 여자 앞에서 그가 해산하면 그 아이를 삼키고자 하더니 여자가 아들을 낳으니 이는 장차 철장으로 만국을 다스릴 남자라 그 아이를 하나님 앞과 그 보좌 앞으로 올려가더라 그 여자가 광야로 도망하매 거기서 천이백육십 일 동안 그를 양육하기 위하여 하나님께서 예비하신 곳이 있더라 하늘에 전쟁이 있으니 미가엘과 그의 사자들이 용과 더불어 싸울새 용과 그의 사자들도 싸우나 이기지 못하여 다시 하늘에서 그들이 있을 곳을 얻지 못한지라 큰 용이 내쫓기니 옛 뱀 곧 마귀라고도 하고 사탄이라고도 하며 온 천하를 꾀는 자라 그가 땅으로 내쫓기니 그의 사자들도 그와 함께 내쫓기니라 내가 또 들으니 하늘에 큰 음성이 있어 이르되 이제 우리 하나님의 구원과 능력과 나라와 또 그의 그리스도의 권세가 나타났으니 우리 형제들을 참소하던 자 곧 우리 하나님 앞에서 밤낮 참소하던 자가 쫓겨났고 또 우리 형제들이 어린 양의 피와 자기들이 증언하는 말씀으로써 그를 이겼으니 그들은 죽기까지 자기들의 생명을 아끼지 아니하였도다"(요한계시록 12:1-11).

많은 주석가들은 이 여인이 그리스도를 낳는 이스라엘이라거나 구약과 신약의 성도들이 새로운 이스라엘로 태어나는 것을 묘사한다고 풀이한다. 또 그의 해산을 열방 가운데 일어나는 대각성운동이라고 해석하는 사람들도 있다. 그러나 많은 사람들이 이 구절을 말세에 뜨겁고 강하게 행해질 중보자들의 기도를 지칭한다고 풀이하고 있다. "애를 쓰며 부르짖더라"(2절). 중보기도자들의 산고와 같은 기도는 결국 그리스도의 재림 즈음에 정점에 다다를 것이다.

산고를 겪는 여인의 정체가 무엇이건 간에, 요한계시록 12장은 신앙의 기본 원리를 제시해 준다. 이 여자의 몸부림에는 우리가 하나님을 섬길 때, 우리 안에 탄생하는 그리스도가 반영되어 있다.

선한 일을 하는 것도 중요하고 현 임무에 충실한 것도

중요하지만, 비범한 기도로 다가오는 운명의 전환에 대처해야 할 때도 있다. 그것은 그리스도의 새로운 차원이 우리에게 막 출현하려는 때에 그렇다.

산고를 겪는 여인은 돌파 직전까지 하나님의 목적을 수행했다. 그녀가 이전에 행한 모든 일의 에너지가 기도로 하는 해산과 합쳐졌다. "애를 쓰며 부르짖더라"(2절). 이 깊은 중보기도를 통해 그녀는 마침내 '장차 철장으로 만국을 다스릴' 인물을 낳았다.

우리 또한 마찬가지이다. 하나님이 우리의 영에 넣어 주신 비전이 전 세계를 다스릴 정도는 아닐지도 모른다. 그러나 그것이 겉으로 드러나면 그리스도의 영광의 빛이 된다. 그러면 그리스도가 세상을 다스리실 것이다. 그럼에도 불구하고, 그리스도는 홀로 나타나지 않으신다. 주님은 우리의 믿음, 준비, 산고의 기도를 통해 나타나신다. 일할 때도 있고, 봉사할 때도 있고, 쉴 때도 있다. 그러나 하나님의 목적이 거의 완성에 이를 때도 있다. 그때는 집중적인 기도가 필요하다.

최근 주님께서 교회들을 더 강하고 뜨겁게 기도에 참여하게 하신 것은 중대한 사건이다. 물론 주님의 일 중에 중요하지 않은 것은 없지만, 주님의 새로운 목적이 지금 막 태동하고 있다. 그러므로 지금은 기도할 때이다.

악한 자의 공격

하나님의 새로운 운행하심을 착수하게 하는 것이 기도밖에 없다면, 지금쯤은 엄청난 부흥을 경험하고 있어야 하지 않겠는가? 그러나 요한의 환상이 보여 주듯이, 여인이 해산을 하려는 순간, 또 다른 표적이 나타났다. "하늘에 또 다른 이적이 보이니 보라 한 큰 붉은 용이 있어 머리가 일곱이요 뿔이 열이라 그 여러 머리에 일곱 왕관이 있는데 그 꼬리가 하늘의 별 삼분의 일을 끌어다가 땅에 던지더라 용이 해산하려는 여자 앞에서 그가 해산하면 그 아이를 삼키고자 하더니"(요한계시록 12:3-5).

여인에게서 태어나는 인물은 예수 그리스도로 여겨진다. 그럼에도 불구하고 하나님의 아들도 아기로부터 그 삶을 시작하셨다. 아기는 작고도 스스로를 방어할 수 없는 연약한 존재이다. 이와 같이 아담의 타락 이후 하나님이 사용하신 사람들은 모두 상처받기 쉽고 보호가 필요한 상태에서 하나님을 섬기기 시작했다.

하나님의 새로운 일이 아슬아슬하게 진척되는 순간, 사탄은 여지없이 공격을 퍼붓는다. 어떤 종류의 공격인가? 가장 강력한 공격이다. 그리스도께서 새로운 일을 태동시키시는 때에 사탄이 사용하는 가장 강력한 무기가 바로 험담이다.

우리를 향하신 하나님의 목적이 가장 쉽게 무너져 내리는 시기가 바로 이때이다. 계시록에 나타난 붉은 용은 다름 아닌 사탄-마귀로, 그는 교회의 성도들을 헐뜯는 말을 유포시키는 자로 알려져 있다.

말의 힘

마귀가 우리를 참소할 때, 전혀 말도 안 되는 사실을 가지고 비방하지는 않는다. 마귀는 우리가 별 볼 일 없는 하찮은 존재라는 것을 지적하고, 영성이 없음도 강조한다. 마귀는 우리의 무지와 두려움을 무기 삼아 미성숙함과 실패에 대해 비난을 가한다. 그는 평범한 말들을 사용하면서 우리의 영적 성장을 가로막거나, 적어도 방해공작을 편다.

처음으로 전도해 본 기억을 더듬어 보라. 아니면 성경공부 시간에 처음으로 자신의 신앙을 나눈 경험을 떠올려 보라. 많은 경우에 의혹의 말들이 홍수처럼 사정없이 밀고 들어와서 마음을 어지럽히기 시작했을 것이다. "너는 네가 말한 것을 진심으로 믿고 있니? 너는 네가

하는 말이 무슨 소린지 알고는 있는 거야? 다른 사람들이 네 말에 관심이나 있을 것 같아?" 이러한 말들의 홍수는 참소하는 영으로부터 온다.

이런 악한 영의 영향으로 하나님의 목적이 유산되는 경우가 있다. 그리스도의 영을 경외함으로 하나님의 말씀을 심령에 모시고 살아야 할 그리스도인들이 교리를 머리로 인정하는 정도에 머무르고 있다. 사탄-마귀는 그것을 악용하여 험담을 통해 그리스도에 대한 소망을 사장시켜 버린다.

비록 참소하는 자의 방해가 성공을 거두었다 하더라도, 반드시 기억해야 할 진실이 있다. 우리 안에 계신 그리스도는 죽지 않으신다는 사실이다. 그분은 믿음과 소망, 그리고 기도와 인내의 새로운 조화를 위해 잠시 기다리실 뿐이다. 그러므로 분명히 알아야 할 것이 있다. 우리의 진짜 적은 우리의 '무지' '실패' '영성의 부족'이 아니다. 우리의 진짜 적은 '험담하는 악령'이다. 그것은 우리의 약점을 이용한다. 그리스도 안에서 믿는 자의 약점은 도리어 강점으로 변한다. 그것(신앙 성장)을 악한 자가 와서 가로막는 것이다. 결국 우리의 약점은 악한 자가 틈타면서 우리에게 불리하게 작용하게 된다. 악한 영은 부정적인 말들의 홍수를 만들어 내어 하나님과의 관계를 소원하게 만들어 버린다. 악한 영에게 당한 결과 남는 것은 빈 껍데기의 종교심과 아무 생명력도 없는 신앙뿐이다.

보좌 앞으로 올려지는 자

예수님의 계시와 활동을 저지하려는 이 참소의 악령을 어떻게 막을 수 있을까? 다시 요한계시록 12장으로 돌아가 보자. 여기에 하나님 안에서 새로운 운명이 열리는 열쇠가 있다. "여자가 아들을 낳으니 이는 장차 철장으로 만국을 다스릴 남자라 그 아이를 하나님 앞과 그 보좌 앞으로 올려가더라"(12:5). "하나님 앞과 그 보좌 앞으로 올려

가더라"가 바로 해결책이다. 즉, 살아 계신 하나님의 임재 안에 머무는 것이다.

사람들의 사견이나 귀신들의 험담에 말려들어 가서는 안 된다. 험담하는 자의 무기가 인간의 언어라면, 그리스도인에게 승리를 안겨 주는 무기는 하나님의 말씀이다. 하나님은 우리가 그분의 자녀라고 말씀하셨다. 하나님의 말씀에 의하면, 하나님은 우리의 죄를 용서해 주시고, 의롭게 살게 하시며, 거룩함과 경건함으로 덧입혀 주신다.

우리가 그리스도를 만난 순간부터, 우리는 성령의 상승기류를 타고 올라가고 있다. 우리는 하나님의 충만한 임재에 도달할 때까지 끊임없이 끌어올리는 힘에 의해 올라간다. 모든 믿는 자의 삶 가운데 모든 것이 합력하여 선을 이루는 것을 경험하게 될 것이다. 그리스도 예수 안에 있는 하나님의 사랑에서 우리를 끊을 수 있는 것은 아무것도 없다(로마서 8:28, 38-39). 그러므로 이 하나님의 상승기류에 자신을 맡기자. 감사하는 마음으로 순종하면, 하나님이 높여 주실 것이다.

　매우 엄숙하면서도 기쁨을 주는 진리가 있다. 교회가 고대하는 휴거는 이미 우리의 영혼 안에서 시작되었다! 이미 하나님은 "또 함께 일으키사 그리스도 예수 안에서 함께 하늘에 앉혀" 주셨다(에베소서 2:6). 예수님께서는 "나는 부활이요 생명이니 나를 믿는 자는 죽어도 살겠고"(요한복음 11:25)라고 말씀하시지 않았는가? 예수님의 말씀에 의하면, 부활은 단순히 과거에 한 번 발생한 사건이 아니다. 부활은 예수님이 오늘날에도 우리와 함께 계심을 뜻한다. 예수님은 우리와 함께 하심으로, 우리를 지속적으로 새롭게 하시고, 하나님의 충만함에 이르기까지 끊임없이 끌어올려 주신다.

　사탄의 전략은 성도를 육에 속한 자로, 종교인으로, 그리고 세상에 매인 자로 만드는 것이다. 그러나 사탄의 때는 지나가고 있다! 왜냐하면 모든 믿는 자는 하늘에 속한 존재로, 하나님의 영광을 향해 올라가고 있기 때문이다. 믿는 자들은 하늘로부터 태어난 자들이 아닌가? 위에 있는 예루살렘이 우리의 어머니라고 기록되어 있지 않은가?(갈라디아서 4:26) 천국은 단지 죽으면 가는 곳이 아니다. 천국은 우리의 본향이다. 성도들은 천국이라는 고향에서 태어난 자들이다.

그러므로 송사하는 악령들을 대항하는 첫째 비결은 우리의 운명적 부르심에 대한 확고한 신념을 가지는 것이다. 즉, 믿는 자는 원래 하늘에 속한 존재라는 믿음을 갖는 것이다. 무슨 일이 있어도, 결국 믿는 자들은 천국으로 돌아가게 될 것이다. 세상에 수많은 말들이 있으나, 오직 하나님의 말씀에 최고의 권위를 둘 때, 송사하는 자들의 말을 무시할 수 있다. 험담하는 자들이 공격해 올 때, 그들과 같이 천박함으로 떨어질 것이 아니라, 그리스도를 찬양하고 경배하는 곳으로 올라가야 한다. 즉 하나님의 임재 속으로 피해야 한다.

그렇다. 예수님은 참 좋으신 분이다. 선하신 예수님은 우리를 참소하는 자의 그물에서도 건져 주신다. 험담하는 자는 우리의 약점을 이용하지만, 하나님은 험담하는 악령을 이용하신다. 수많은 폭력적인 말들과 악독한 말들이 강타하며 들어와도, 하나님은 도리어 그것을 사용하신다.

하나님을 의지할 때, 비방당하는 것도 일종의 영적인 훈련으로 승화될 수 있다. 우리는 필요에 따라 늘 하나님의 은혜의 보좌로 나아간다. 그러나 어떤 경우는 천상에 계신 그리스도와 함께 지내는 것이 허락될 때도 있다. 그곳이 바로 성도의 피난처이다! 그 피난처는 결국 우리가 도달해야 할 영혼 순례의 목적지이다. 그리스도와 성도가 함께 머무는 동안, 험담하는 영의 세력은 점차 약화되게 되어 있다. 하나님은 험담하는 영을 이용하셔서 믿는 자를 바로 그분의 보좌로 계속 끌어올리는 작업을 하시기 때문이다.

주님,

나를 해하려는 자들을 이용하셔서

나의 유익을 위해 일하시는 하나님을 찬양합니다.

험담하는 자들의 공략을 반전시키셔서

나를 하나님의 임재 속으로 들어가게 하시는

하나님께 무한한 감사를 드립니다.

하나님의 보좌보다 더 안전한 곳이 없고

내가 가장 사모하는 장소는

하나님의 품속임을 고백합니다.

주여, 험담하는 자들의 비난에 비틀거리는 순간에도,

겸손한 마음을 가지게 하시고,

주님께로 신속히 피하는 자가 되게 하소서.

아멘.

순전한나드 도서안내

No.	도서명	저자	정가
1	존 비비어의 승리〈개정판〉	존 비비어	12,000
2	교회를 뒤흔드는 악령을 대적하라	프랜시스 프랜지팬	5,000
3	교회를 어지럽히는 험담의 악령을 추방하라	프랜시스 프랜지팬	5,000
4	그리스도인의 삶의 비결〈개정판〉	진 에드워드	9,000
5	존 비비어의 친밀감〈개정판〉	존 비비어	14,000
6	내 백성을 자유케 하라	허 철	10,000
7	내게 신선한 기름을 부으셨나이다	허 철	9,000
8	내어드림	페늘롱	7,000
9	더 넓게 더 깊게	메릴린 앤드레스	13,000
10	마켓플레이스 크리스천〈개정판〉	로버트 프레이저	9,000
11	존 비비어의 축복의 통로〈개정판〉	존 비비어	8,000
12	부서트리고 무너트리는 기름 부으심	바바라 J. 요더	8,000
13	사도적 사역	릭 조이너	12,000
14	사사기	잔느 귀용	7,000
15	상한 마음을 치유하는 기도	마크 & 패티 버클러	15,000
16	상한 영의 치유1	존 & 폴라 샌드포드	17,000
17	상한 영의 치유2	존 & 폴라 샌드포드	13,000
18	성령님을 아는 놀라운 지식	허 철	10,000
19	속사람의 변화 1	존 & 폴라 샌드포드	11,000
20	속사람의 변화 2	존 & 폴라 샌드포드	13,000
21	신부의 중보기도	게리 윈스	11,000
22	아가서	잔느 귀용	11,000
23	악의 속박으로부터의 자유	릭 조이너	9,000
24	어머니의 소명	리사 하텔	12,000
25	여정의 시작	릭 조이너	13,000
26	영광스러운 교회에 보내는 메시지 1	릭 조이너	10,000
27	영분별	프랜시스 프랜지팬	3,500
28	영적 전투의 세 영역〈개정판〉	프랜시스 프랜지팬	11,000
29	예레미야	잔느 귀용	6,000
30	예수 그리스도와의 친밀함	잔느 귀용	7,000
31	예수님을 닮은 삶의 능력〈개정판〉	프랜시스 프랜지팬	12,000
32	예수님을 향한 열정〈개정판〉	마이크 비클	12,000
33	잔느 귀용의 요한계시록〈개정판〉	잔느 귀용	13,000
34	인간의 7가지 갈망하는 마음	마이크 비클 & 데보라 히버트	11,000
35	저주에서 축복으로	데릭 프린스	6,000
36	주님, 내 마음을 열어주소서	캐티 오츠 & 로버트 폴 램	9,000
37	지구상에서 가장 강력한 기도	피터 호로빈	7,500
38	축사사역과 내적치유의 이해 가이드	존 & 마크 샌드포드	20,000
39	출애굽기	잔느 귀용	10,000
40	하나님과 동행하는 사람들〈개정판〉	샨 볼츠	9,000
41	하나님과 사람에게 더욱 사랑스러운 자	듀안 벤더 클릭	10,000
42	하나님과의 연합	잔느 귀용	7,000
43	하나님을 연인으로 사랑하는 즐거움	마이크 비클	13,000
44	하나님 마음에 합한 사람	마이크 비클	13,000
45	하나님의 아름다움을 바라보는 축복	허 철	10,000
46	하나님의 요새〈개정판〉	프랜시스 프랜지팬	9,000
47	하나님의 장군의 일기〈개정판〉	잔 G. 레이크	6,000
48	항상 배가하는 믿음〈개정판〉	스미스 위글스위스	13,000
49	항상 부족함이 없으리로다	롤랜드 & 하이디 베이커	8,000
50	혼돈으로부터의 자유	릭 조이너	5,000

No.	도서명	저자	정가
51	혼의 묶임을 파쇄하라	빌 & 수 뱅크스	10,000
52	존 비비어의 회개〈개정판〉	존 비비어	11,000
53	횃불과 검	릭 조이너	8,000
54	금식이 주는 축복	마이크 비클 & 다나 캔들러	12,000
55	부활	벤 R. 피터스	8,000
56	거절의 상처를 치유하시는 하나님	데릭 프린스	6,000
57	존 비비어의 분별력〈개정판〉	존 비비어	13,000
58	통제 불능의 상황에서도 난 즐겁기만 하다	리사 비비어	12,000
59	어린이와 십대를 위한 축사사역	빌 뱅크스	11,000
60	빛은 어둠 속에 있다	패트리샤 킹	10,000
61	목적으로 나아가는 길	드보라 조이너 존슨	8,000
62	컴 투 파파	게리 윈스	13,000
63	러쉬 아워	슈프레자 싯홀	9,000
64	지도자의 넘어짐과 회복	웨이드 굿데일	12,000
65	하나님의 일곱 영	키이스 밀러	13,000
66	너희 지체를 의의 병기로 하나님께 드리라	허 철	8,000
67	추수의 비전	릭 조이너	8,000
68	하나님의 집	프랜시스 프랜지팬	11,000
69	도시를 변화시키는 전략적 중보기도	밥 하트리	8,000
70	왕의 자녀의 초자연적인 삶	빌 존슨 & 크리스 밸러턴	13,000
71	언약기도의 능력	프랜시스 프랜지팬	8,000
72	믿음으로 산 증인들	허 철	12,000
73	욥기	잔느 귀용	13,000
74	나라를 변화시킨 비전: 윌리엄 테넌트의 영적인 유산	존 한센	8,000
75	세상을 다스리는 권세의 회복	레베카 그린우드	10,000
76	창세기 주석	잔느 귀용	12,000
77	하나님의 강	더치 쉬츠	13,000
78	당신의 운명을 장악하라	알렌 키란	13,000
79	자살	로렌 타운젠드	10,000
80	레위기·민수기·신명기 주석	잔느 귀용	12,000
81	그리스도인의 영적혁명	패트리샤 킹	11,000
82	초자연적 중보기도	레이첼 힉슨	13,000
83	나는 하나님의 음성을 듣는다	킴 클레멘트	11,000
84	하나님의 초자연적인 능력	바비 코너	11,000
85	거룩과 진리와 하나님의 임재	프랜시스 프랜지팬	9,000
86	사랑하는 하나님	마이크 비클	15,000
87	일곱 교회 이기는 자에게 주시는 축복	허 철	9,000
88	일터에 영광이 회복되다	리차드 플레밍	12,000
89	초자연적 경험의 신비	짐 골 & 줄리아 로렌	13,000
90	웃겨야 살아난다	피터 와그너	8,000
91	폭풍의 전사	마헤쉬 & 보니 차브다	13,000
92	천국 보좌로부터 온 전략	샌디 프리드	11,000
93	영향력	윌리엄 L. 포드 3세	11,000
94	속죄	데릭 프린스	13,000
95	신의 성품에 참예하는 자	허 철	8,000
96	예언, 꿈, 그리고 전도	덕 애디슨	13,000
97	아가페, 사랑의 길	밥 멈포드	13,000
98	불타오르는 사랑	스티브 해리슨	12,000
99	그 이상을 갈망하라!	랜디 클락	13,000
100	능력, 성결, 그리고 전도	랜디 클락	13,000
101	종교의 영	토미 펨라이트	11,000
102	예기치 못한 사랑	스티브 J. 힐	10,000
103	모르드개의 통곡	로버트 스턴스	13,500
104	1세기 교회사	릭 조이너	12,000
105	예수님의 얼굴〈개정판〉	데이비드 E. 테일러	13,000

No.	도서명	저자	정가
106	토기장이 하나님	마크 핸비	8,000
107	존중의 문화(개정판)	대니 실크	13,000
108	제발 좀 성장하라!	데이비드 레이븐힐	11,000
109	정치의 영	파이살 말릭	12,000
110	이기는 자의 기름 부으심	바바라 J. 요더	12,000
111	치유 사역 훈련 지침서	랜디 클락	12,000
112	헤븐	데이비드 E. 테일러	13,000
113	더 크라이	키스 허드슨	11,000
114	천국 여행	리타 베넷	14,000
115	파수 기도의 숨은 능력	마헤쉬 & 보니 차브다	13,000
116	지저스 컬처	배닝 립스처	12,000
117	넘치는 기름 부음	허 철	10,000
118	거룩한 대면	그래함 쿡	23,000
119	선지자 학교	조나단 웰튼	12,000
120	믿음을 넘어선 기적	데이브 헤스	10,000
121	꿈 상징 사전	조 이보지	8,000
122	삶을 변화시키는 성령의 권능	스티븐 브룩스	11,000
123	영적 전쟁의 일곱 영	제임스 A. 더함	13,000
124	영적 전쟁의 승리	제임스 A. 더함	13,000
125	기적의 방을 만들라	마헤쉬 & 보니 차브다	12,000
126	개인적 예언자	미키 로빈슨	13,000
127	어둠의 영을 축사하라	짐 골	13,000
128	보좌를 향하여	폴 빌하이머	10,000
129	적그리스도의 영을 정복하라	샌디 프리드	13,000
130	성령님 알기	마헤쉬 & 보니 차브다	12,000
131	십자가의 권능	마헤쉬 & 보니 차브다	13,000
132	성령이 이끄시는 성공	대니 존슨	13,000
133	축복의 능력	케리 커크우드	13,000
134	하나님의 호흡	래리 랜돌프	11,000
135	아름다운 상처	룩 홀터	11,000
136	하나님의 길	덕 애디슨	13,000
137	천국 체험	주디 프랭클린 & 베니 존슨	12,000
138	당신의 사명을 깨우라	M. K. 코미	11,000
139	기독교의 유혹	질 섀넌	25,000
140	우리가 몰랐던 천국의 자녀양육법	대니 실크	12,000
141	임재의 능력	매트 소거	12,000
142	예수의 책	마이클 코울리아노스	13,000
143	신앙의 기초 세우기	래리 크레이더	13,000
144	내 인생을 바꿔 줄 최고의 여행	제이 스튜어트	12,000
145	시간 & 영원	조슈아 밀스	10,000
146	거룩한 흐름, 분위기	조슈아 밀스	10,000
147	하이디 베이커의 사랑	하이디 & 롤랜드 베이커	13,000
148	하나님의 임재	빌 존슨	13,000
149	영광의 사역	제프 젠슨	12,000
150	초자연적 기름부음	줄리아 로렌	12,000
151	하나님의 갈망	제임스 A. 더함	14,000
152	형통의 문을 여는 31가지 선포기도	케빈 & 캐티 바스코니	5,000
153	임박한 하나님의 때	R. 로렌 샌드포드	13,000
154	하나님을 향한 울부짖음	바바라 J. 요더	12,000
155	춤추는 하나님의 손	제임스 말로니	37,000
156	참소자를 잠잠케 하라	샌디 프리드	13,000
157	영광이란 무엇인가?	폴 맨워링	14,000
158	내일의 기름부음	R. T. 켄달	13,000
159	영적 전투를 위한 전신갑주	크리스 밸러턴	12,000
160	성령을 소멸치 않는 삶	R. T. 켄달	13,000

No.	도서명	저자	정가
161	초자연적인 삶	아담 F. 톰슨	10,000
162	한계를 돌파하라	샌디 프리드	13,000
163	블러드문	마크 빌츠	11,000
164	마지막 부흥을 위하여	시드 로스	10,000
165	구약에서 일어난 모든 일들	윌리엄 H. 마티	13,000
166	신약에서 일어난 모든 일들	윌리엄 H. 마티	11,000
167	드보라 군대	제인 해몬	14,000
168	거룩한 불	R. T. 켄달	13,000
169	기적 안에 걷는 삶	캐더린 로날라	12,000
170	당신의 자녀를 향한 하나님의 65가지 약속	마이크 슈리브	8,000
171	무슬림 소녀, 예수님을 만나다	사마 하비브 & 보디 타이니	13,000
172	스미스 위글스워스의 병 고침(개정판)	스미스 위글스워스	12,000
173	뇌의 스위치를 켜라	캐롤라인 리프	13,000
174	약속된 시간	제임스 A. 더함	13,000
175	실패를 딛고 일어서는 믿음	샌디 프리드	12,000
176	스미스 위글스워스의 성령의 은사(개정판)	스미스 위글스워스	13,000
177	끝날 때까지 끝난 것이 아니다	R. T. 켄달	15,000
178	완전한 기억	마이클 A. 댄포스	10,000
179	금촛대 중보자들 1	제임스 말로니	15,000
180	마지막 때와 이슬람	조엘 리차드슨	15,000
181	질투	R. T. 켄달	14,000
182	사탄의 전략	페리 스톤	14,000
183	죽음에서 생명으로	라인하르트 본케	12,000
184	금촛대 중보자들 2	제임스 말로니	13,000
185	금촛대 중보자들 3	제임스 말로니	13,000
186	올바른 생각의 힘	케리 커크우드	12,000
187	부흥의 거장들	빌 존슨 & 제니퍼 미스코브	25,000
188	악의 삼겹줄을 파쇄하라(개정판)	샌디 프리드	12,000
189	지옥의 실체와 하나님의 열쇠	메리 캐서린 백스터	12,000
190	문지기들이여 일어나라	제임스 A. 더함	15,000
191	안식년의 비밀	조나단 칸	15,000
192	교회를 깨우는 한밤의 외침	R. T. 켄달	15,000
193	하나님의 시간표	마크 빌츠	12,000
194	사랑의 통역사	샨 볼츠	12,000
195	예루살렘의 평화를 위해 기도하라	탐 헤스	13,000
196	마이크 비클의 기도	마이크 비클	25,000
197	유대적 관점으로 본 룻기	다이앤 A. 맥닐	13,000
198	폭풍을 향해 노래하라	디모데 D. 존슨	13,000
199	세미한 하나님의 음성을 듣는 방법	스티브 샘슨	12,000
200	영광의 세대	브루스 D. 알렌	15,000
201	영적 분위기를 바꾸라	다우나 드 실바	12,000
202	하나님을 홀로 두지 말라	행크 쿠네만	14,000
203	하나님이 디자인하신 완전한 나	캐롤라인 리프	20,000
204	대적의 문을 취하라(개정증보판)	신디 제이콥스	15,000